# Mon plus bel album de mots illustrés

**Données de catalogage avant publication (Canada)**

Vedette principale au titre :
Mon plus bel album de mots illustrés

ISBN 0-590-73945-X

1. Dictionnaires illustrés français - Ouvrages pour la jeunesse. 2. Français
(Langue) - Glossaires, vocabulaires, etc. - Ouvrages pour la jeunesse.
I. Farris, Katherine. II. Hendry, Linda.

PC2629.M66 1991  j443'.1  C91-093313-8

Édition française publiée par Les éditions Scholastic,
175, Hillmount Road, Markham (Ontario) Canada L6C 1Z7,
avec la permission de Kids Can Press Ltd.

Conception graphique de Michael Solomon

4 3 2     Imprimé à Hong-Kong     9 / 0 1 2 3 4

# Mon

# plus bel

**Éditrice :**
Katherine Farris

# album

# de mots

*Illustratrice :*
Linda Hendry

# illustrés

Les éditions Scholastic

# Bienvenue chez moi

des bardeaux

un toit

une chambre

une fenêtre –

un mur

un porche

un salon

un sous-sol

un perron

4

une cheminée

une salle de bain

un escalier

une jardinière

un garage

une porte

une cuisine

une corde à linge

une salle à manger

un jardin

un portillon

une clôture

5

# Voici ma famille

un grand-père

un cousin

une cousine

un père

un frère

une mère

un bébé

un chien

une soeur

une grand-mère

une tante

un oncle

une nièce

un neveu

des jumelles

un chat

une arrière-grand-mère    un arrière-grand-père

# C'est le matin

se brosser les dents

prendre un bain

dormir

lire

s'asseoir

faire frire un oeuf

manger

boire

tondre la pelouse

arroser les plantes

se battre

monter l'escalier

prendre une douche

se sécher les cheveux

repasser

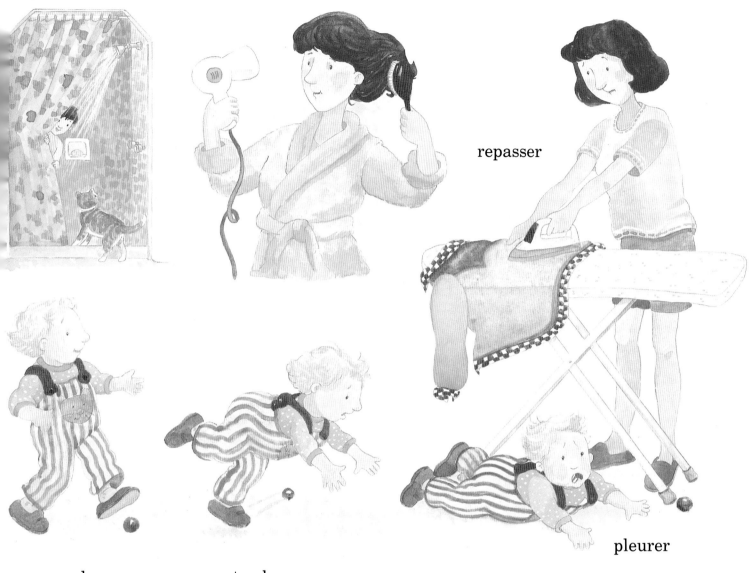

marcher

tomber

pleurer

rire

regarder la télévision

descendre l'escalier

# Bonjour!

un chapeau

un blouson

une chemise

des bottes

des souliers

un peignoir

des chaussettes

des lacets

une robe

des chaussures de sport

une culotte

un sweat-shirt

un maillot de corps

un tee-shirt

10

une jupe

un short

un pantalon

une chemise de nuit

un gilet

une tuque

un chandail

un pyjama

une mitaine

des pantoufles

une écharpe

un manteau

une ceinture

# Mon corps

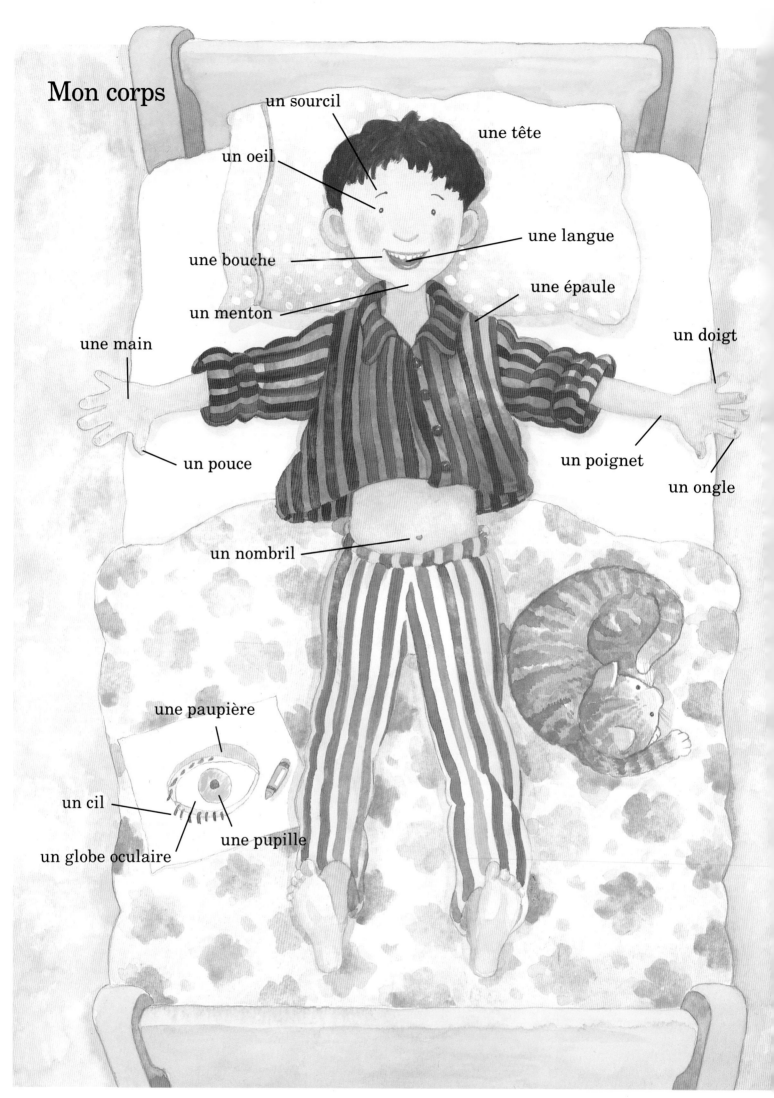

un sourcil

une tête

un oeil

une langue

une bouche

une épaule

un menton

un doigt

une main

un pouce

un poignet

un ongle

un nombril

une paupière

un cil

une pupille

un globe oculaire

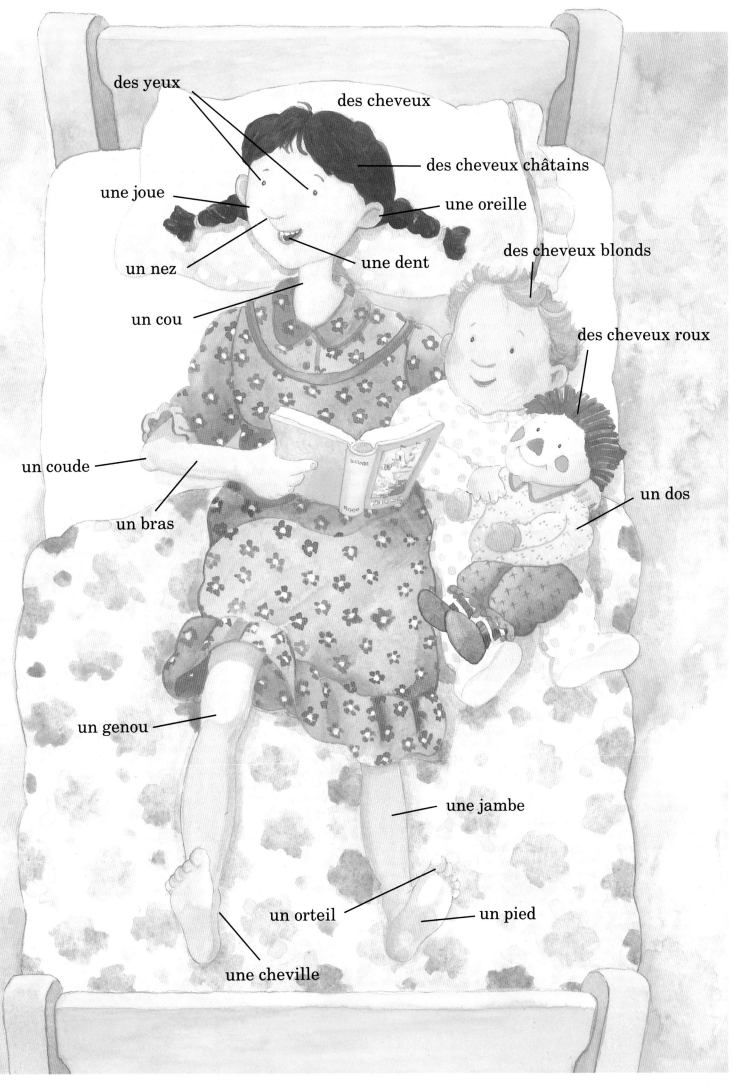

des yeux

des cheveux

des cheveux châtains

une joue

une oreille

un nez

des cheveux blonds

une dent

un cou

des cheveux roux

un coude

un dos

un bras

un genou

une jambe

un orteil

un pied

une cheville

# On déjeune

un couteau

une fourchette

une assiette

une cuillère

du beurre

des croissants

une tasse

un oeuf

du sucre

une rôtie

une théière

un grille-pain

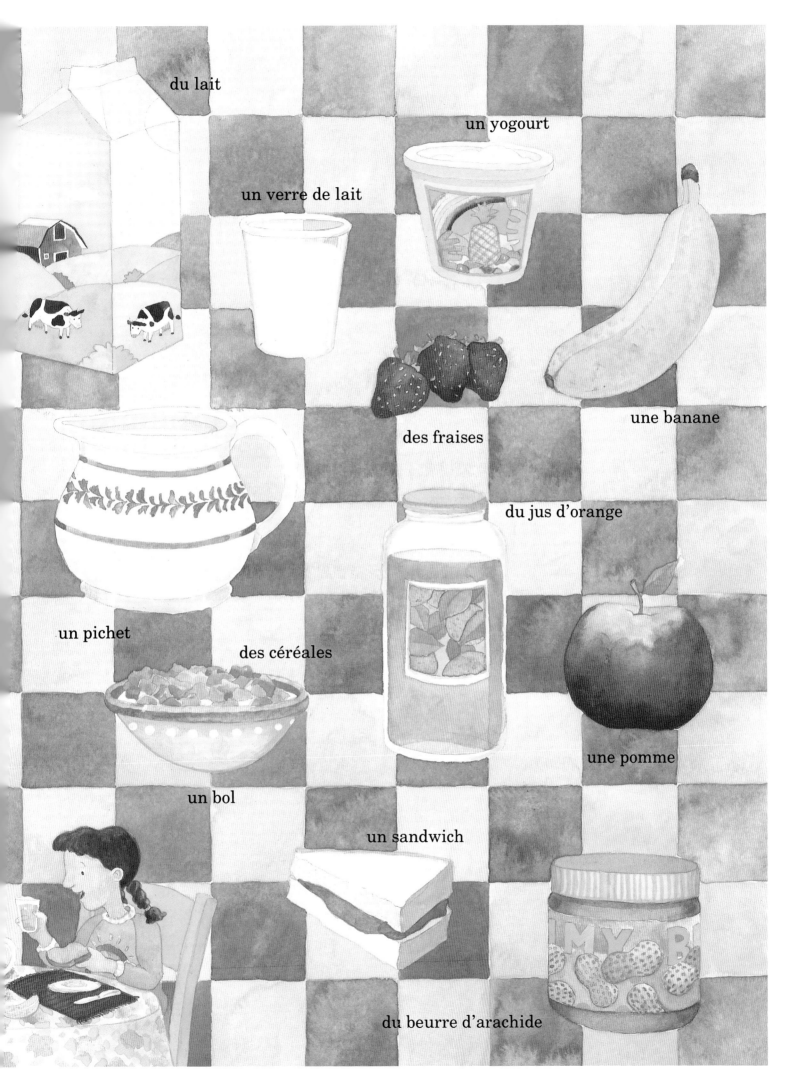

du lait

un yogourt

un verre de lait

une banane

des fraises

du jus d'orange

un pichet

des céréales

une pomme

un bol

un sandwich

du beurre d'arachide

# À l'école

1    2    3    4    5    6    7

un    deux    trois    quatre    cinq    six    se

Hello
Bonjour
Hola

Buon giorno
Guten Tag

שלום
γειά σο
喂
こんにち

un tableau noir

une professeure

un globe terrestre

un garçon

une fille

un microscope

des livres

un aquarium

un poisson rouge

des élèves

un bâton
de base-ball

un pupitre

une cage

un livre

un gant de base-ball

un hamster

les planètes

une horloge

uit    neuf    dix

Bom dia
Goeden Dag
Goddag
Szerbusz

un calendrier

un lapin

une marionnette

une carte du monde

un piano

le soleil

un bureau

une guitare

une poubelle

une trompette

un sac d'écolier

une flûte à bec    un tambour

des patins à roulettes

un jeu

un tambourin

# Dans la classe

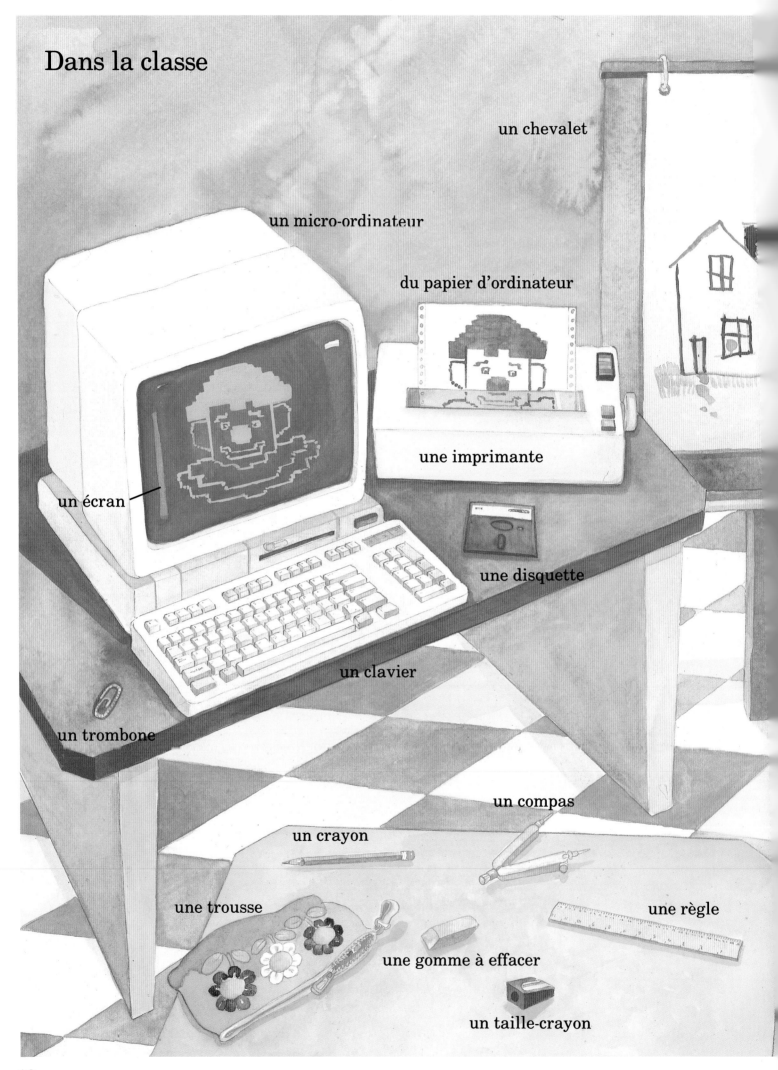

un chevalet

un micro-ordinateur

du papier d'ordinateur

une imprimante

un écran

une disquette

un clavier

un trombone

un compas

un crayon

une trousse

une règle

une gomme à effacer

un taille-crayon

un dessin

un crayon de couleur

de la colle

un pot de peinture

des craies de cire

une boîte de couleurs

des ciseaux

un pinceau

du ruban adhésif

un dictionnaire

une calculatrice

un stylo

un cahier

un livre de classe

19

# Ce que je fais à l'école

$$1 + 1 = 2$$
$$1 + 2 = 3$$
$$1 + 3 = 4$$

additionner

$$4 - 1 = 3$$
$$3 - 1 = 2$$
$$2 - 1 = 1$$

soustraire

donner à manger aux poissons

compter

étudier

se balancer

jouer

courir

sauter à la corde

grimper

écrire

peindre

dessiner

faire la sieste

# En excursion

des nuages

un gratte-ciel

une ville

un village

une route

un autobus scolaire

un champ

une rivière

un zoo

un épouvantail

une étable

un éléphant

un cygne

une girafe

le ciel

un arc-en-ciel

une montagne

une tente

un bateau

un chemin

un canoë

un mouton

un pont

un poteau téléphonique

une grange

une chèvre

une vache

une poule

une fermière

des poussins

un cheval

un tracteur

un coq

un canard

une oie

une ferme

23

# Au zoo

un évent

un dauphin

une nageoire

une carapace

une tortue

un groin

un sanglier

la peau

un bec

une aile

un oiseau

une plume

une trompe d'éléphant

une défense d'éléphant

des bois

une queue

un mouflon

une corne

un cerf

un sabot

des moustaches

un croc

une crinière

une lionne

le pelage

un ours polaire

une patte

une griffe

# Mes animaux préférés au zoo

un chameau

un flamant rose

un phoque

un hippopotame

un buffle

un kangourou

un pingouin

un gorille

un serpent

un singe

un toucan

un ours brun

un crocodile

une souris

un perroquet

un lion

un tigre

une baleine

# À la ville

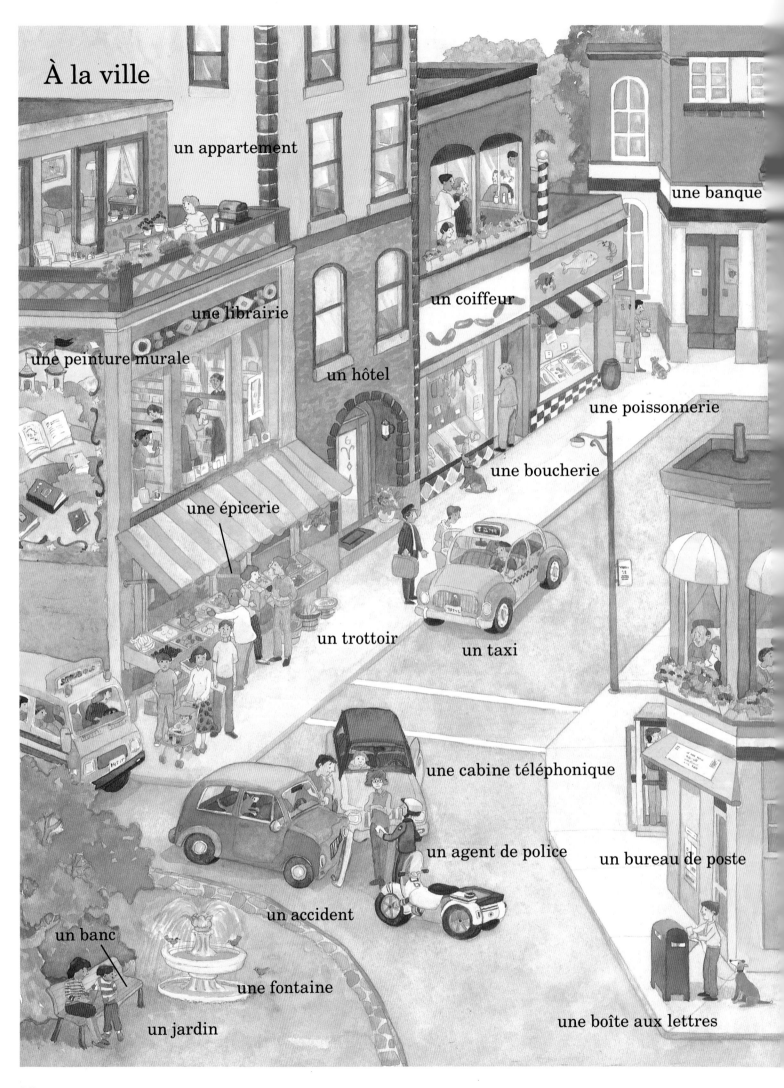

un appartement

une banque

une librairie

un coiffeur

une peinture murale

un hôtel

une poissonnerie

une boucherie

une épicerie

un trottoir

un taxi

une cabine téléphonique

un agent de police

un bureau de poste

un accident

un banc

une fontaine

un jardin

une boîte aux lettres

un drapeau

un mât

un hôpital

un grand magasin

une caserne de pompiers

une cycliste

un restaurant

une bouche d'incendie

un cinéma

un marchand de fleurs

une piétonne

un kiosque à journaux

une boulangerie

un passage pour piétons

une plaque de rue

# Au magasin

une caissière

un céleri

une cliente

une caisse

un sac en papier

une banane

un citron

un ananas

une pêche

une pomme

une orange

un pamplemousse

une poire

un abricot

une framboise

une cerise

une prune

une mangue

un melon d'eau

des raisins

un avocat

des pois

une laitue

un concombre

un épicier

une tomate

une carotte

un oignon

une pomme de terre

du maïs

des haricots verts

31

# Les moyens de transport

une ambulance

un hélicoptère

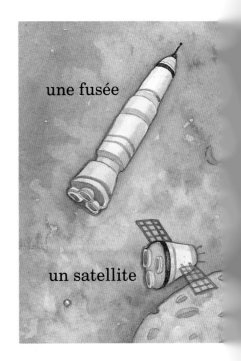

une fusée

un satellite

un paquebot

un voilier

un bateau à moteur

une planche à voile

un tricycle

une voiture de sport

une dépanneuse

un camion

un jet

un avion

un autobus

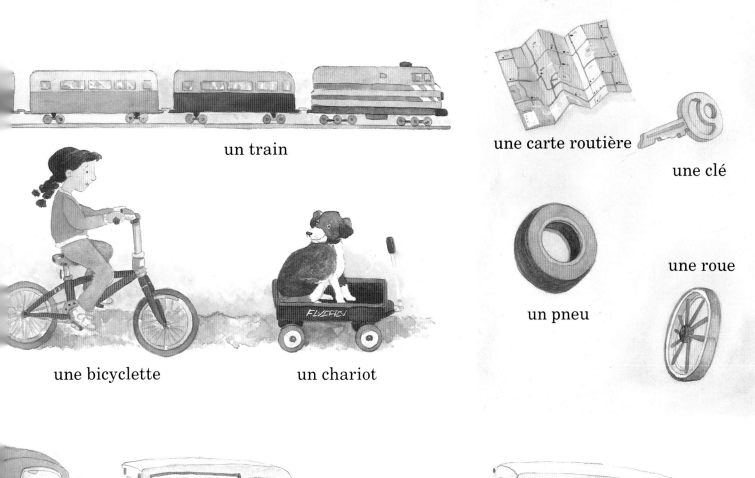

un train

une carte routière

une clé

une roue

un pneu

une bicyclette

un chariot

un camion de livraison

une remorque

une roulotte

# Dans mon jardin

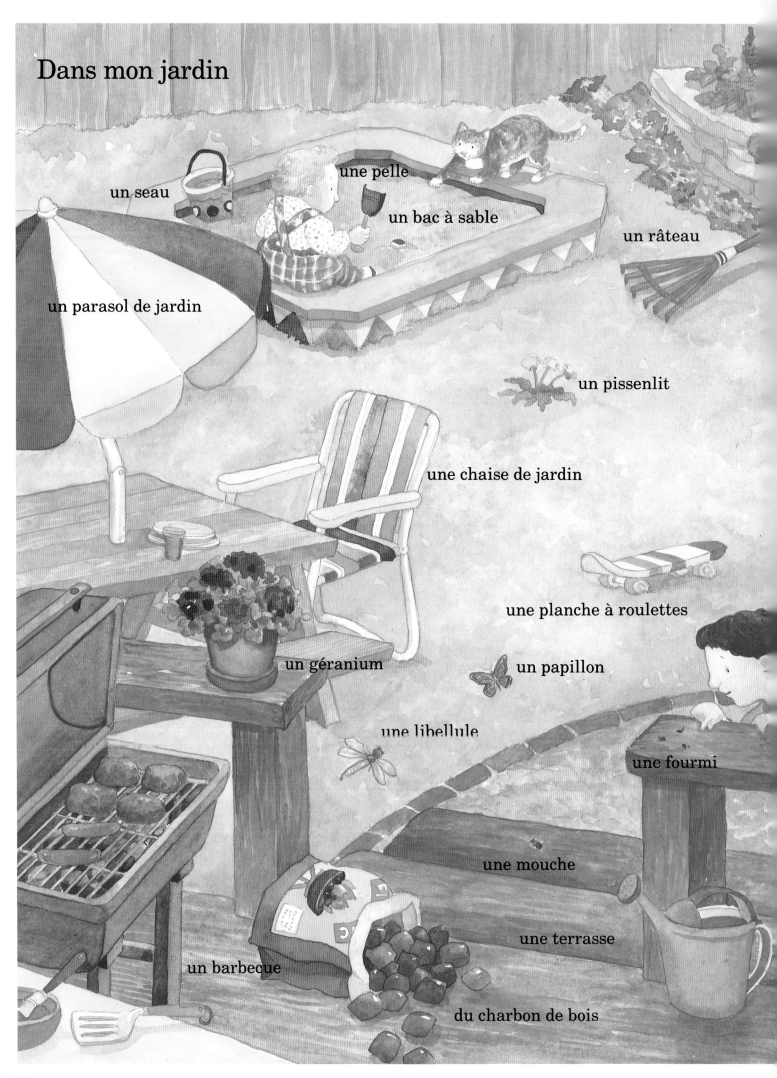

un seau

une pelle

un bac à sable

un râteau

un parasol de jardin

un pissenlit

une chaise de jardin

une planche à roulettes

un géranium

un papillon

une libellule

une fourmi

une mouche

un barbecue

une terrasse

du charbon de bois

une hirondelle

une feuille

une tondeuse à gazon

un arbre

une balançoire

l'herbe

un écureuil

une pensée

une abeille

un champignon

une violette

un tournesol

un rouge-gorge

une rose

# On mange des grillades

des cornichons

un hamburger

des frites

une nappe

du fromage

du ketchup

une tarte aux fruits

une serviette de table

de la mayonnaise

de la moutarde

un plateau

du sel et du poivre

des hot-dogs

une table

de la glace

du gâteau

des biscuits

une salade de fruits

une corbeille de fruits

un jus de fruit

une boisson gazeuse

une salade

# Mes couleurs préférées

rose

orange

rouge

brun

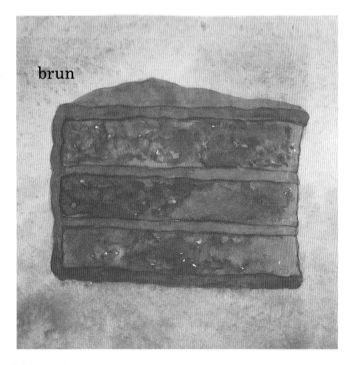

noir

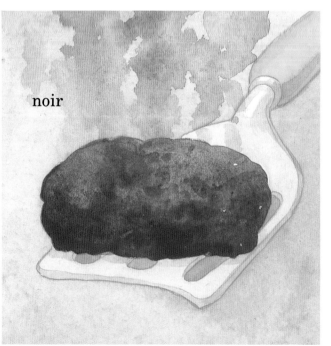

vert

beige

jaune

bleu

gris

violet

blanc

39

# De ma fenêtre

une étoile

une maison

une piscine

un raton laveur

une échelle

une poussette

une cabane dans un arbre

un trottoir

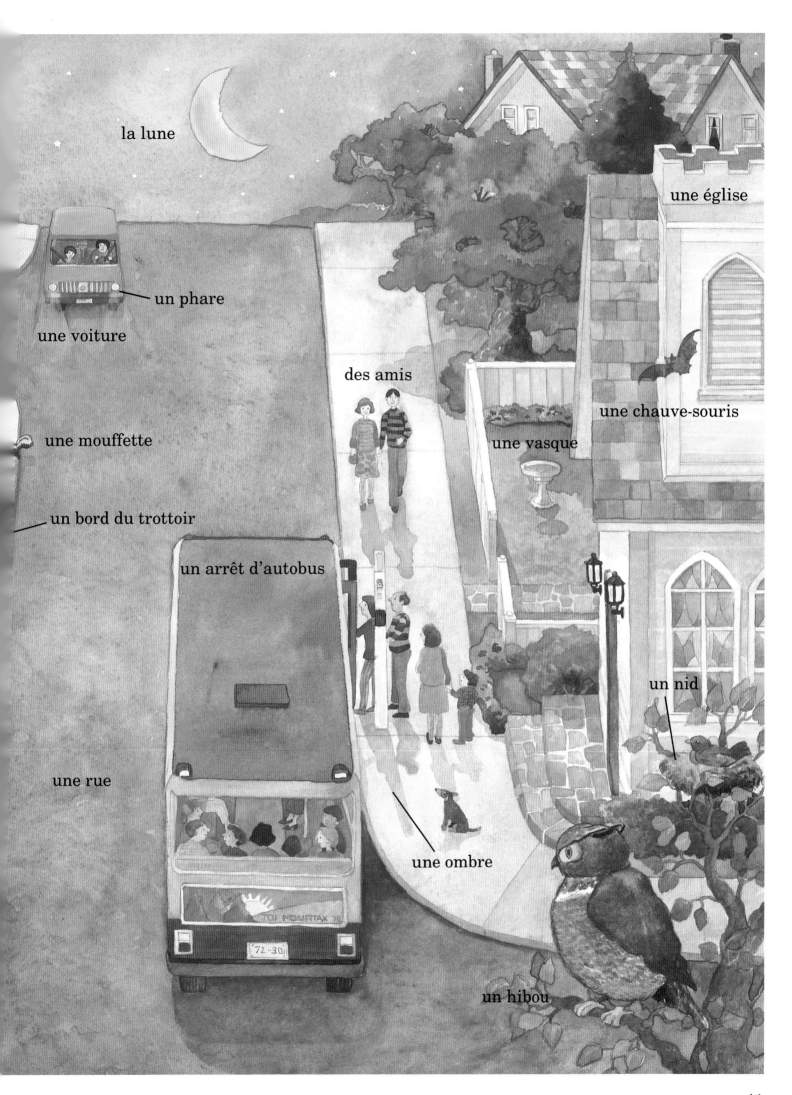

la lune

un phare

une voiture

une mouffette

un bord du trottoir

un arrêt d'autobus

une rue

des amis

une vasque

une église

une chauve-souris

un nid

une ombre

un hibou

# Bonne nuit!

un store

des parent

un dessin

un vase de fleurs

une lampe

un drap

un lit

un réveille-matin

une couverture

un tiroir

une commode

des oreillers

un tapis

une brosse à cheveux

42

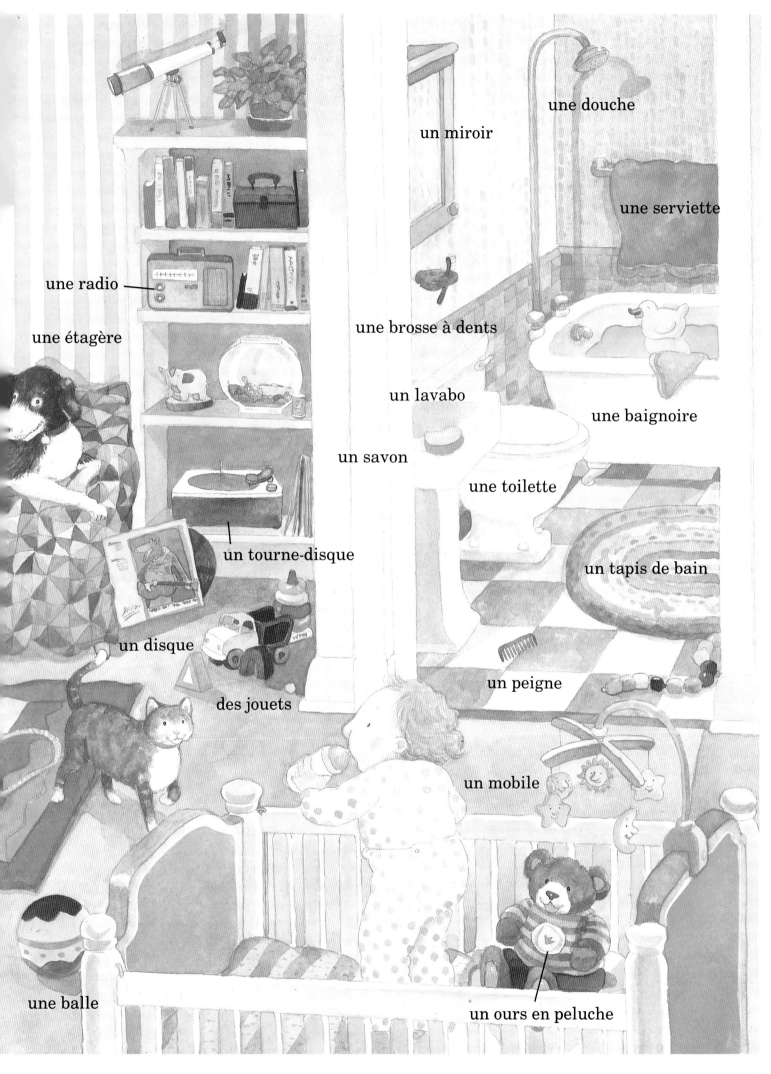

une douche

un miroir

une serviette

une radio

une brosse à dents

une étagère

une baignoire

un lavabo

un savon

une toilette

un tourne-disque

un tapis de bain

un disque

un peigne

des jouets

un mobile

une balle

un ours en peluche

# Quel est le contraire?

carré

rond

haut

bas

sur

sous

froid

chaud

plein

vide

mou

dur

sec

mouillé

propre

sale

ouvert

fermé

heureux

triste

petit

grand

# Liste des mots

Voici, en ordre alphabétique, une liste de tous les mots contenus dans cet album avec le numéro des pages correspondantes.